Bibliografische Information der Deutschen Nationalbibliothek:

Die Deutsche Bibliothek verzeichnet diese Publikation in der Deutschen National-
bibliografie; detaillierte bibliografische Daten sind im Internet über http://dnb.d-
nb.de/ abrufbar.

Impressum:

Copyright © 2014 GRIN Verlag, Open Publishing GmbH
Druck und Bindung: Books on Demand GmbH, Norderstedt Germany
ISBN: 978-3-668-06767-7

Dieses Buch bei GRIN:

http://www.grin.com/de/e-book/306887/ueber-prinz-friedrich-von-homburg-von-
kleist-kurze-grafische-zusammenfassung

Sophie Geyer

Aus der Reihe: e-fellows.net schüler-wissen

e-fellows.net (Hrsg.)

Band 70

Über "Prinz Friedrich von Homburg" von Kleist. Kurze grafische Zusammenfassung der Akte 1-5

GRIN Verlag

GRIN - Your knowledge has value

Der GRIN Verlag publiziert seit 1998 wissenschaftliche Arbeiten von Studenten, Hochschullehrern und anderen Akademikern als eBook und gedrucktes Buch. Die Verlagswebsite www.grin.com ist die ideale Plattform zur Veröffentlichung von Hausarbeiten, Abschlussarbeiten, wissenschaftlichen Aufsätzen, Dissertationen und Fachbüchern.

Besuchen Sie uns im Internet:

http://www.grin.com/

http://www.facebook.com/grincom

http://www.twitter.com/grin_com

PRINZ FRIEDRICH VON HOMBURG

Heinrich von Kleist

PERSONEN

Friedrich Wilhelm, **Kurfürst** von Brandenburg

Die Kurfürstin

Prinzessin **Natalie** von Oranien (seine Nichte)

Graf Hohenzollern

Prinz Friedrich Arthur von Homburg
(General der Kavallerie)

Feldmarschall Dörfling

Oberste der Infanterie:
Obrist Kottwitz
Hennings
Graf Truchß

Offiziere der Kavallerie:
Rittmeister von der Golz
Graf Georg von Sparren
Stranz
Siegfried Mörner
Graf Reuß

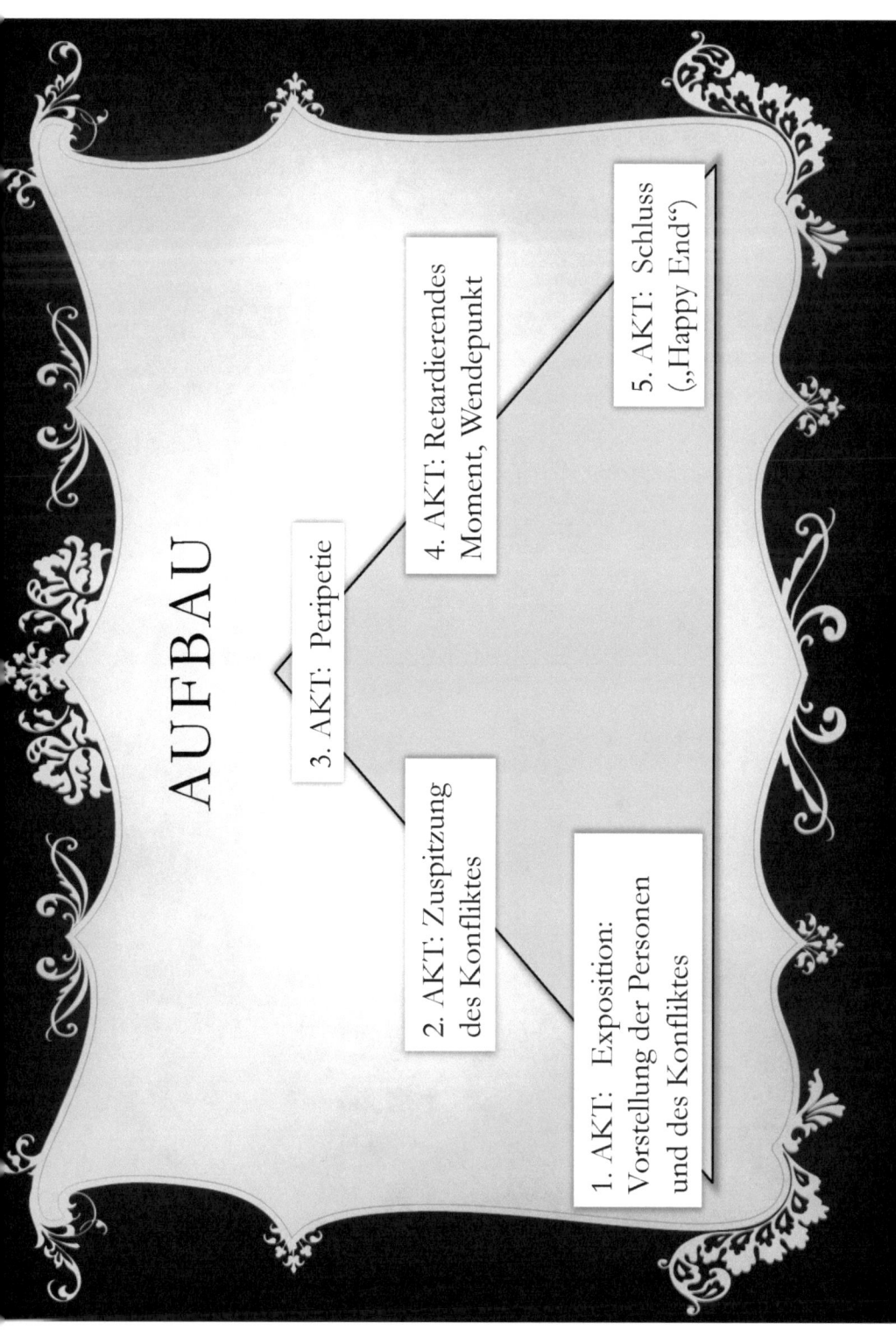

AUFBAU

3. AKT: Peripetie

4. AKT: Retardierendes Moment, Wendepunkt

5. AKT: Schluss („Happy End")

2. AKT: Zuspitzung des Konfliktes

1. AKT: Exposition: Vorstellung der Personen und des Konfliktes

1. AKT
(SCHLOSS FEHRBELLIN)

◇ Prinz von Homburg sitzt im Schloss und flechtet einen Lorbeerkranz (schlafwandlerischer Zustand), wird von Kurfürsten & Gefolge beobachtet

◇ Alle außer Graf Hohenzollern gehen, dieser weckt den Prinzen, der dann sehr verwirrt und verwundert ist

◇ Kurfürst bespricht mit Offizieren Kriegspläne gegen Schweden

◇ Prinz ist dabei, aber geistesabwesend, und bekommt nicht den Order mit, nur auf Befehl des Kurfürsten anzugreifen

2. AKT

(SCHLACHTFELD)

◇ Obrist Kollwitz & Truppen warten auf dem Schlachtfeld auf den Prinzen

◇ Als dieser kommt: Dörfling wiederholt Instruktionen, Prinz aber immer noch geistesabwesend

◇ Von Homburg will die Reiter (entgegen der Order) in den Kampf führen

◇ Offiziere können ihn nicht abhalten & folgen ihm

http://www.youtube.com/watch?v=jRHpdT5pWQ4

2. AKT
(STUBE)

◇ Natalie & Kurfürstin erreicht die Nachricht vom Tod des Kurfürsten

◇ Prinz von Homburg erscheint und bestätigt den Tod und versichert Rache an den Schweden

◇ Er macht Natalie einen Heiratsantrag

◇ Dann: Bote kommt und überbringt Nachricht, dass nicht der Kurfürst, sondern Stallmeister Froben gefallen ist

2. AKT
(BERLIN)

◇ Friedensverhandlungen mit Schweden

◇ Kurfürst verklagt die Reiterei ohne seinen Befehl angegriffen
zu haben

◇ Der der die Reiterei angeführt hat, muss vor das
Kriegsgericht

→ Prinz von Homburg ist schuldig und wird festgenommen

◇ Sieht seinen Fehler aber nicht ein

3. AKT

(GEFÄNGNIS, SCHLOSS FEHRBELLIN)

◇ Prinz wartet zuversichtlich auf seine Entlassung

◇ Hohenzollern kommt und berichtet vom gefällten Todesurteil

◇ Rat, zur Kurfürstin zu gehen und mit ihr zu reden

◇ Auf dem Weg zur Kurfürstin sieht der Prinz sein Grab und gerät in Todesangst

◇ Bittet die Kurfürstin, beim Fürsten für ihn einzutreten

◇ Gnadenversuch bleibt erfolglos

→ Natalie beschließt, sich für ihren Geliebten einzusetzen

4. AKT

(SCHLOSS FEHRBELLIN)

◇ Natalie bittet den Kurfürsten um Gnade für den Prinzen, argumentiert mit seiner Jugend

◇ Kurfürst will aber Rechtsordnung erhalten

◇ Natalie erzählt vom schlimmen Zustand des Prinzen

→ Begnadigung unter der Bedingung, dass von Homburg das Urteil als ungerecht zurückweist → Brief vom Fürst an den Prinzen

◇ Offiziere, die ebenfalls für den Prinzen eintreten, haben Gnadengesuch verfasst, Natalie soll unterschreiben

◇ Natalie lässt zudem Kottwitz' Regiment nach Fehrbellin befehligen

4. AKT
(GEFÄNGNIS)

◇ Natalie überbringt den Brief vom Kurfürsten an den Prinzen

◇ Aufforderung, zu unterschreiben

◇ Erkenntnis des Prinzen der Entscheidung: Lügner oder Held?

→ Prinz von Homburg möchte sein Urteil akzeptieren und tritt
dem Tod entgegen

5. AKT

(SCHLOSS FEHRBELLIN, GEFÄNGNIS)

◇ Kottwitz' Regiment trifft in Fehrbellin ein

◇ Glaube des Kurfürsten, dass das Erscheinen eigenmächtig ist

◇ Erfährt, dass alle Truppen für den Prinzen sind
  → Warnung vor einer Rebellion

◇ Debatte zwischen Kurfürst und Kottwitz, welche Entscheidung richtig sei

◇ Prinz wird herbeigeholt, erfährt um den Trubel seinetwegen, akzeptiert aber dennoch sein Todesurteil

◇ Möchte nur nicht, dass Schweden mit Natalie erkauft wird (Hochzeit)

5. AKT

(SCHLOSS FEHRBELLIN, GEFÄNGNIS)

◇ Prinz wird zurück ins Gefängnis gebracht

◇ Kurfürst kündigt Fortsetzung des Krieges gegen Schweden an

◇ Offiziere sind erfreut, wieder unter von Homburgs Kommando zu treten

◇ Währenddessen: Prinz wartet im Gefängnis auf seinen Tod

◇ Natalie kommt herbeigeeilt mit der frohen Nachricht, dass er begnadigt wird

→ Prinz von Homburg wird geehrt und zieht wieder in die Schlacht

Erster Akt

Szene: ⌐Fehrbellin⌐. Ein ⌐Garten im alt-französischen Styl⌐.
Im Hintergrunde ein Schloß, von welchem eine ⌐Rampe⌐
herabführt. – Es ist Nacht.

Erster Auftritt

Der Prinz von Homburg sitzt mit bloßem Haupt und off-
ner Brust, halb wachend, halb schlafend, unter einer Eiche
und windet sich einen Kranz. – Der Kurfürst, seine Ge-
mahlin, Prinzessin Natalie, der Graf von Hohenzollern,
Rittmeister Golz und Andere treten heimlich aus dem
Schloß und schauen vom Geländer der Rampe auf ihn
nieder. – Pagen mit Fackeln.

DER GRAF VON HOHENZOLLERN
Der Prinz von Homburg, unser tapfrer ⌐Vetter⌐,
Der, an der Reiter Spitze, seit drei Tagen
Den flücht'gen Schweden munter nachgesetzt,
Und sich erst heute wieder atemlos,
Im Hauptquartier zu Fehrbellin gezeigt:
Befehl ward ihm von Dir, hier länger nicht,
Als nur drei Fütttrungsstunden zu verweilen,
Und gleich dem ⌐Wrangel⌐ wiederum entgegen,
Der sich am ⌐Rhyn⌐ versucht hat einzuschanzen,
Bis an die ⌐Hackelberge⌐ vorzurücken? 10

DER KURFÜRST
So ist's!

HOHENZOLLERN
Die Chefs nun sämtlicher ⌐Schwadronen⌐,
Zum Aufbruch aus der Stadt, dem Plan gemäß,
Glock zehn zu Nacht*, gemessen instruiert*,
Wirft er erschöpft, gleich einem Jagdhund lechzend, 15

Sich auf das Stroh um für die Schlacht, die uns
Bevor beim Strahl des Morgens steht, ein wenig
Die Glieder, die erschöpften, auszuruhn.

DER KURFÜRST
So hört' ich! – Nun?

HOHENZOLLERN   Da nun die Stunde schlägt,
Und aufgesessen schon die ganze Reiterei 20
Den Acker vor dem Tor zerstampft,
Fehlt – wer? der Prinz von Homburg noch, ihr Führer.
Mit Fackeln wird und Lichtern und Laternen
Der Held gesucht – und aufgefunden, wo?

Er nimmt einem Pagen die Fackel aus der Hand.
Als ein Nachtwandler, schau, auf jener Bank, 25
Wohin, im Schlaf, wie Du nie glauben wolltest,
Der Mondschein ihn gelockt, beschäftiget,
⌐Sich träumend, seiner eignen Nachwelt gleich,
Den prächt'gen⌐ Kranz des Ruhmes einzuwinden.

DER KURFÜRST Was!

HOHENZOLLERN   In der Tat! Schau hier herab: da sitzt er!
Er leuchtet von der Rampe auf ihn nieder.

DER KURFÜRST
Im Schlaf versenkt? Unmöglich!

HOHENZOLLERN   Fest im Schlafe! 30
Ruf' ihn bei Namen auf, so fällt er nieder.
Pause.

BEI GRIN MACHT SICH IHR WISSEN BEZAHLT

- Wir veröffentlichen Ihre Hausarbeit, Bachelor- und Masterarbeit

- Ihr eigenes eBook und Buch - weltweit in allen wichtigen Shops

- Verdienen Sie an jedem Verkauf

Jetzt bei www.GRIN.com hochladen und kostenlos publizieren